くらしの塩かげん

日々をよくする、生き方のレシピ

はじめに

誰も教えてくれない、「あたりまえ」のことを。

掃除をしましょう。靴を揃えましょう。食べものを大切にしましょう。手を合わせましょう。お辞儀をしましょう……。などなど、まるで子どもの頃に教わるような「あたりまえ」のこと。それらを日々真剣に取り組んでいるお寺は、言い換えれば「あたりまえを研究する場所」だと、私は思っています。

一つひとつの「あたりまえ」は、取るに足らないことかもしれません。そんなことわかっていると感じるかもしれません。ですが、あたりまえのことほど、簡単なようで難しいものです。裏を返せば、あたりまえのことが苦手な生き物こそ、人間のような気もするのです。

またこうした「あたりまえ」の生活の中にこそ、私たちが生きるうえで大切にするべきものごとの本質や智慧が隠れています。それらは検索エンジンでヒットするものではありません。お寺でのあたりまえの習慣の中で暮らしているうちにだんだんと気づくことであり、その結果、ものごとを捉える角度や視点が変わり、人生が豊かになっていきます。

この本の中では、暮らしのこと、生きること、食事のことについて、長年研究してきた様々な「あたりまえ」を、レシピのようなスタイルで紹介しています。また、なるべく堅苦しい内容にならないように、自然に囲まれた日常の写真や、箸休めのページも織り交ぜています。

気になるところからで構いませんので、あまり難しく考えすぎず、コーヒーでも飲みながら自由に読み進めてください。真似してみたり、参考にしてみたり、改めて考えてみたりと、皆さまの心の中、暮らしの中に、コーヒーのミルクのように、ほわーんと程よい加減で溶け込むことができれば幸いです。

目次

どうぞ、ごゆるりと、
コーヒーでも飲みながら。

清潔感は、最高のお洒落。

どんな服を着るときでも、ひとつだけ大事にしていることがあります。

それは、清潔感です。

ちゃんとお風呂に入って、きちんと洗濯した服を着て暮らすというこだわりです。

セーターや上着の場合には毎日同じものを着るのではなく、お休みさせながらローテーションで。

これは、服を大切に着ることにもつながっていて、長年着ている作務衣は、手入れしながら丁寧に35年も着続けているので、ボロボロなのですがむしろいい風合いになっています。

自分の雰囲気と生活に合った服を大切に着て、いつも清潔であることを心がける。


そんな人のことを本物の「お洒落」と呼びたいものです。

清潔感のつくり方

・お風呂に入り、汗を流してデトックス
・服をいたわり、大切に着る
・こまめに衣服を洗濯する
・きれいに髪と髭を剃る（これは私だけ？）

直して使うと、豊かになれる。

マンハッタンの地下鉄のショップで買ったマグカップ。数年間ニューヨークに通い続けていた頃の、いろいろな思い出をつないでくれる大切なものですが、とある拍子に落としてしまい、持ち手が取れてしまいました。一瞬だけ深く落ち込みましたが、すぐに気持ちを切り替えて接着剤で修理し、今も大切に使っています。どんなものにも命がありますが、壊れても修理して使い続けていると、よりあじわいが出て愛着が増していきます。人間もまた、失敗と反省のくり返しの中で、人としての魅力や包容力が備わり、豊かな人生を歩めるようになるのだと思います。

豊かな気持ちで暮らす方法

- 壊れても、修理して大切に使う
- 失敗と反省のくり返しの中で成長する
- 寛容さとおおらかさを心がける

毎日、同じことを同じように。

朝目覚めると調子のいい日もあれば、そうでない日もありますよね。

そんなときには、特定の時間帯に自分なりのルールを設けて、ルーティーン化してみてはいかがでしょうか。体調や精神面が整わないと感じる日でも、不思議と体が動いてくれるはずです。

お寺の生活では、その日の気分や体調に左右されないように、常に時間とリズムで自分を管理しています。毎日同じ作務をくり返す中で、今日よりも明日、明日よりも明後日と、仕事や人間関係の中で自分の内面をより磨いていくのです。

リズムよく暮らすためのレシピ

・特定の時間帯にやることを決める

・こまめに時間をチェックする

・調子のいい日は頑張りすぎず、エネルギーを蓄える

私のモーニングルーティーン

4：50　起床　歯を磨き、着替える

5：10　食堂（じきどう）で良寛さんにお献茶

5：30　朝食作り

6：00　勤行（ごんぎょう）

7：00　朝食

お寺での料理について。

お寺の料理は、新人の小僧さんたちが担当する。皆さんはそんなイメージを持つかもしれませんが、実際はその逆です。大勢の修行僧さんたちの食事を作るというのは大変なことで、ある程度修行を積んだ古参にならなければ、担当することができません。

特に禅宗のお寺さんでは、「典座（てんぞ）」という役職を与えられ、勤行や座禅と同じくらい大切な修行として位置づけられています。なぜなら、皆さまからの喜捨により授かったお米一粒、お水一滴さえも無駄にせず料理するということは、それなりの経験が必要だからです。

また、料理というのは一瞬の時間やわずかな分量で味が変化します。素材を生かしておいしく作ることは、とても奥が深いものなのです。

私の場合、お寺の畑から旬の野菜を収穫し、冷蔵庫にあるものとあわせて食事を作り、みんなから「おいしい！」という言葉をもらったときに、この上もない幸せを感じます。

いつでもどこでも。

自分が今ここに存在しているという事実。また、そこには親がいて、そしてそのまた親には……とたどり続けると、いったい誰に行き着くのでしょう。

この壮大な命のリレーという仕組みの中に存在している私たち。奇跡と不可思議を感じ、自然と両の手を合わせ祈る自分がいます。

お祈りは神仏の前だけではなく、いつでもどこでも、仕事中でも布団の中ででも、日常どんなときでも心の中で手を合わせることができるもの。

すなわち、心の信仰です。

ボーダーレスの時代と言われ、世界中の人と人とがインターネットでつながっていますが、神仏や先祖に対して、心をもってつながる時間も大切ではないでしょうか。5秒でも10秒でもいいのです。心の中で感謝の祈りを忘れずに。

お祈りのニューノーマル

- いつでもどこでも、心の中で
- すべてに感謝と敬意を持って
- 5秒でも10秒でもOK

ちゃんと生きる。

木々や草花たちは、見えない根っこでしっかりと努力し、
きれいな花を咲かせている。
縁のあった居場所で、自分の成すべきことを成し、
あるがままに淡々と生きている。
私たち人間は、ちゃんと生きているかなぁ？

整理整頓って、奥が深い。

お寺の法要で使用する仏具の置き場所は、ミリ単位で決まっていると言っても過言ではありません。すべてが理にかなった場所にあるからこそ、美しい所作につながります。よって法要は準備がすべてなのです。準備がちゃんとなっていれば、法要が始まったときにいい流れの連鎖が起こります。

皆さんの暮らしにも一連の「流れ」があると思います。いい流れを生み出すにはまず、日々の整理整頓です。理（ことわり）を整えると書いて「整理」。日々の生活での整理整頓には、奥の深い学びが詰まっているのです。

整理整頓をすすめる理由

- 場を整えることで、心も清らかになります
- 定位置にしまうことで、
  物をなくしにくくなります
- 暮らしの流れもスムーズになります

お掃除は、誰のため？

慈眼寺では、毎朝8時からみんなでお寺の掃除をしています。お寺にとって掃除とは作務の中のひとつであり、修行の一環でもあります。日々を丁寧に、心を込めて生きる。そんな意識を持っていると、掃除の技術も向上します。たとえば、ほうきの掃き方、雑巾がけのコツ、食器洗いの手順、草むしりのタイミングなど、同じ作業を精一杯しながら意識的に行動すると、様々な智慧を授かることができます。

掃除はただの作業ではありません。一般的には、おもに参拝者をお迎えすることや、仏様に対する敬意から「場を清める」という意味合いのある掃除ですが、実は深いところでの気づきにつながるチャンスがあるのです。

毎日の掃除で心がけること

・早く、丁寧に、正確に

・一つひとつの動作に心を込めて

・日々、研究心と探究心

洗濯物は、笑顔でたたみます。

私にも苦手なことはあります。生活の中では、たとえば洗濯物たたみです。なかなか面倒くさい作業ですよね。出張が続くと、どうしても日々のスケジュールがタイトになり、洗濯が深夜になってしまうことも（涙）。

そこで、洗濯物たたみのときは笑顔を意識するようにしています。少々無理やりにでも笑っていると、なんだか楽しい気分になってきます。

笑顔を心がけると、どんなことでも自然と楽しくなります。もしあなたが仕事や人間関係で悩んでいるのであれば、もしかしたら「笑顔」が解決の第一歩になるかもしれませんね。

苦手なことも楽しくなるコツ

・苦手なことこそ笑顔で！

・楽しいと思い込んでみる

・できないことがあっても、まずはチャレンジ

おにぎらず

出張前に準備で忙しくしていると、いつの間にか母が〝おにぎらず〟を作ってくれていて、よく持たせてくれます。

とても簡単な料理ですが、そこにはたくさんの想いが詰まっていて、何とも表現できない優しい味に心癒されるのです。

作り方のポイント

ラップを広げ、その上にのり、塩、ごはんの順番にのせていきます（ごはんはフワッと優しく）。

具材は梅、しそ、鮭など、お好きなものを。パタパタとのりをたためば、あっという間に完成です。のり無しでもおいしいですよ。

らっきょう酢のピクルス

散歩中、近所のおばあちゃんから「玉ねぎはらっきょう酢に漬けるといい」と教わり、作ってみたんです。これが本当においしくて。しかも簡単。地元のラジオでこのことを話したところ、仙台のスーパーから、らっきょう酢が消えたとか消えないとか……。

作り方のポイント

具材は玉ねぎだけでも、ピーマンやにんじんを加えてもOK。

一日漬けるだけで完成です。

透明の瓶に詰めれば、鮮やかな見た目も楽しめます。

油揚げカレー

ある日、近所の豆腐屋さんで買った分厚い油揚げをカレーに入れたところ、お寺で評判に。以来、慈眼寺の定番メニューのひとつです。カレーはどんな食材を入れてもおいしくなりますよね。私もカレーのように、誰とでも仲よくできる人でありたいです。

作り方のポイント

玉ねぎが飴色になるまでしっかりと炒めます。

お肉の代わりに油揚げを入れるイメージです。

油揚げはフライパンでカリッと焼くのがポイント。

油揚げに野菜の旨味やカレーがしみて、口の中でじゅわっと広がりますよ。

カレーが教えてくれたこと。

護摩修法の日の昼ご飯。よく作るのはカレーです。当日はとても忙しく、約20人分も作るので、なかなか大変！　でも、せっかく皆さんに食べていただくものだから、やっぱりおいしいものを！　ということで毎回、玉ねぎを時間をかけて炒め、旨味たっぷりのカレーを作っています。じっくり炒めながら待ち続けるのはそれこそ修行のようなものですが、その甲斐あってか、皆さんからはけっこう好評なんです（笑）。

効率重視の現代では「待つ」という習慣が少なくなっている気がします。仕事では空き時間をつくらないように効率的に働き、プライベートではすぐにスマホの登場……。

時には慌てず、急がず。手早くできることであっても、あえて時間をかけてみる。すると、ぐっと深みが増すことがあります。

山をひたすらに歩き続けてきた私ですが、今は「待つ時間も大切だよ」と、カレーが教えてくれている気がします。

朝の5分が、一日を変える。

朝は出発時間ギリギリまで寝ていて、バタバタと支度して仕事や学校に向かう。そうなると、ちょっとでもトラブルがあれば遅刻ですし、何よりも心に余裕がないと、態度や言動にもゆとりがなくなってしまいそうですよね。そんな人におすすめしたいのは、目覚ましの時間を5分だけ、早めることです。

大峯千日回峰行では、出発は夜中の0時30分、戻りは15時30分と決めていました。待っているお師匠さんに心配をかけないためにも、時間を守ることは私の中で「絶対」でした。

出発前に何も問題がなければ、0時25分に出発します。毎日同じペースで歩くので、到着が5分早まる計算です。ところが、5分余裕を持って出た日は、決まって10分、15分と不思議なことに時間に余裕ができるのです。

逆に、遅れてしまったときに「取り戻そう」と必死に歩いても、今度は10分、15分とどんどん遅れていってしまいます。いまだになぜかわかりませんが、心のゆとりなのでしょうね。朝のたった5分という時間が、一日の出来を左右するのです。

一日を有意義に過ごすためのコツ

・朝、5分の余裕を持つ

・朝が弱い人は早めの時間に目覚ましをセット

・目覚めた瞬間に、パッと起きてみる

メモ魔にならず、実践しよう。

仲の良い知人たちと話しをしていたときのことです。ふと見ると、その中の一人のY君が、一言一句私の話をメモすることだけに集中していました。まるで名言コレクターのように、栄養補給のサプリのように、ひたすら言葉だけを摂取しているように見えてしまい、何か違和感を覚えました。

単なる知識として言葉を詰め込んでも、それだけでは内面的に成長できません。いい話を聞いて、メモして終わり。それではあまりにもったいない。本当に響いた一つの言葉だけでもいいので、しっかりと心に刻み込むことです。他は、忘れても構いません。そして、刻んだ言葉を胸に、行動してみましょう。その積み重ねによって初めて、人としての魅力が磨かれていくのではないでしょうか。

名言を輝かせるには

・いい言葉は、心に刻み込もう

・その言葉を胸に、行動を変えてみよう

所作ひとつで、人間が伝わる。

先日、生まれて初めて歌舞伎を観に行ったのですが、「古典を伝承する」という意味で、歌舞伎の世界とお寺の世界には、共通点が多いと感じました。たとえば、護摩を焚く儀式。これもひとつの古典であり、密教の歴史の中で各時代のお坊さんが護摩を焚いてこられています。私も20代前半にお師匠さんに伝授していただいてから、56歳になる現在まで焚き続けてきましたが、最初の頃にはなかった臨場感が今の護摩にはあると思いますし、その臨場感は、一つひとつの所作から生まれているという確信もあります。迷いや揺らぎは、ふとした所作から皆さんに伝わるので誤魔化しがききません。

その怖さを知っているからこそ、あらゆる所作に神経を張り巡らせ、圧倒的な存在感で役を演じる役者さんの姿に感動したのです。

所作というものは、ふだんの暮らしの中にもあります。その一つひとつを、私たちは人生という舞台で表現しているのです。

美しい所作で暮らそう

- 所作は、心の表れです
- 日々の積み重ねが大切です
- じわじわと人間的な魅力が醸し出されていきます

ゆっくり、早く、丁寧に動きましょう。

忙しい毎日ですが、心にゆとりを持ちましょう。すると、

心の中は穏やかなまま、体は軽やかに動きます。

せかせか急がずとも、仕事が早く片付きます。

矛盾した表現になりますが「ゆっくり、早く、丁寧に」という意識は、

気持ちよく暮らすための〝秘伝のレシピ〟かもしれません。

手を合わせて、心からの「いただきます」を。

日本には、食事の前後に手を合わせて「いただきます」「ごちそうさまでした」と言う習慣があります。実は、この「いただきます」「ごちそうさまでした」の前に唱える言葉が仏教の教えの中にあるのですが、その意味を要約すると次のようになります。

●いただきます
幸せなことに、神仏のご加護と皆さまのおかげでご飯を食べることができます。この食事にどれだけ多くの人たちが関わっているのか思いを巡らせ、味付けや量に対する不平不満を言わず、感謝の気持ちで、いただきます。

●ごちそうさまでした
このご飯を食べることによって、自分の心身の栄養となりました。そして、しっかりと自分の役目を全うしながら、これから皆さんにご恩返しをしていきます。ごちそうさまでした。

あまりにも「あたりまえ」のことなので、自然にやっている人もいれば、いつの間にかやらなくなっている人もいるかもしれません。試験にも出ないし、塾でも教えてくれないことですが、この地球で生きている以上、みんなで共有しておきたい大切な価値観だと思いませんか？

食事の作法

・「いただきます」には「ありがとう」が隠れています

・「ごちそうさまでした」には「がんばります」が隠れています

・手を合わせて「ありがとう」と「がんばります」を心で唱えましょう

もう一度、心ある食卓を。

飲食店などでは、お子さんがタブレットで動画を観ながら、大人たちはスマホでSNSをしながら食事をする、という場面によく遭遇します。誰にも迷惑はかけていないかもしれませんが、見ているだけで心寂しく、店や料理の作り手への敬意も感じられません。一方で、あるレストランで見かけた海外の4人家族は、終始和やかに食事と会話を楽しんでいて、とても微笑ましく、また豊かさを感じました。

皆さんも今一度、ご自身の食卓について見つめ直してみましょう。目の前の人と心が通う、穏やかな時間になりますように。

食卓での過ごし方

・感謝をして、おいしくいただく
・食事のときは、スマホは我慢
・目の前の人との会話を楽しみましょう

大阿闍梨の台所。

慈眼寺の台所は、参拝者の皆さんにはご案内することのない、生活感にあふれた場所です。私は、ここでコーヒーを淹れたりフルーツを切ったり、料理の支度をしたりすることがとても好きです。そして、この場所は、弟子やお寺の職員たちとの共用スペースでもあります。つまり、みんなで心地よく使うことを大事にするべき場所なのです。

台所では、大阿闍梨も修行僧も関係ありません。人間同士お互いを思いやって、食器を使えば洗って片付け、茶菓子があれば皆に振る舞い、冗談を言い、笑い、和やかなひとときを過ごす。他愛のないことかもしれませんが、たったそれだけのことで、相手との信頼関係や絆が強くなるものです。

家庭の大切な柱となるのは、こうした〝心の居場所〟づくりだと思います。

それぞれの“塩かげん”。

朝、よくコーヒーを淹れて飲むのですが、不思議と毎回違う味になります。同じ豆の量、同じお湯の温度、同じように作っているにもかかわらず誤差が出てしまいます。微妙な加減が影響しているのかもしれません。

世界的なF1ドライバーとパティシエの対談を思い出しました。F1ドライバーは、いつも同じように走る中で0・01秒単位を競っている。一方パティシエも、いつも同じようにお菓子を作りながら、材料の0・0何gの差で味の変化を見極めているそうです。周りからは同じことをしているように見えても、実はそれぞれまったく違う世界を見ているのです。

どうやら人は皆、毎日同じように生きているように見えても、それぞれのわずかな〝塩かげん〟で、日々違う人生を生きているようです。毎日が一期一会、諸行無常。そう思うと、一日一日がより尊く感じますね。

お坊さんだって、スタバに行きたい。

講演会前の空き時間や出張先では、ついスターバックスに向かってしまいます。自分で飲むためというより、香りを楽しんだり、テイクアウトにして会場のスタッフさんに温かいコーヒーを差し入れるととても喜んでいただけるのが、私の楽しみとなっています。

スタバはどの地方にもありますが、いつもと同じ雰囲気、味、店内を満たすコーヒーの香りに、安心感を覚えます。もはや講演前の私のリラックスルーティーンです。

私のスマホにはスタバアプリが入っています。訪れた各店舗のスタンプがもらえるので、御朱印帳のように楽しんでいます。ある店舗では、私好みのカスタマイズを開発してくれて「R仕様」と名づけてくれました。そんな店員さんとの交流も、店に通う魅力のひとつだと思っています。

外出先でリラックスするには

・自分だけのリラックスルーティーンを持つ
・お気に入りの場所や店を持つ
・店員さんとの会話を楽しむ

STARBUCKS
Decaf

しゃあないの精神。

「あきらめる」には、ギブアップする、というようなマイナスなイメージがありますが、仏教で言う「諦める」の「諦」は、真理とか悟りを意味します。「諦める」とは、日本語で「明らかにする」という言葉と同源で、嫌なことや苦しいことを明らかに見極めて、穏やかでいられる境地を持ちましょう、ということなのです。日常の中で納得いかないことや、嫌な思いをすることもありますが、「しゃあない、しゃあない」と気持ちを切り替えることも時には必要です。私はこれを「しゃあないの精神」と呼んでいます。執着を捨て、前に進んだその先で、成長につながる新しい出会いが待っている。

そう思い直して、また一歩ずつ、人生を歩むのみです。

あきらめるコツ

・「しゃあない、しゃあない」と唱えてみる
・あきらめた先の未来をポジティブに想像する

くよくよするときには？

過ぎ去ったことには、
くよくよしない。
これから先のことには、
思い悩まない。
どうしても心が引きとめられてしまうときには、
「しゃあないなあ」と声に出してみてください。
ちょっとずつ、一歩ずつ。
ゆっくりと前に進んでいきましょう。

正しい姿勢と深呼吸。

健康的に生活しているつもりでも、今日は何だか体調が優れないな、心が落ち着かないな、と感じるときがありますよね。私自身も大自然の山の中で修行をしていたときに、自分ではどうやってもコントロールできない不調を感じることがありました。

これは経験上言えることですが、心身の状態が崩れているときは、たいてい姿勢が崩れています。姿勢がよくないと、呼吸が浅くなる。呼吸が浅くなると気持ちも不安定になります。

そういうときは、肩の力を抜いて、背筋をピンと伸ばして、ゆっくりと深呼吸をしてリセットしてみましょう。体を整え、呼吸を整え、心を整える。「からだ」と「いき」と「こころ」は、密接に関わっています。心と体の内側に真っ直ぐエネルギーを送り込むつもりで、ひと休みしてみてください。

心身を整えるレシピ

- 肩の力を抜く
- 正しい姿勢になる
- ゆっくり深呼吸する

日常に、鼻唄タイムを。

四六時中お寺で過ごしている私にとって、コーヒーを淹れる、犬の散歩、畑で野菜を育てる、庭の手入れをする、日本茶の茶葉を自分でブレンドする、といった日常の作業すべてが、趣味みたいなものかもしれません。

お気に入りの歌を口ずさむこともあります。思ったよりも声が大きすぎて、「参道まで聞こえています」と、職員に叱られたことも……（笑）。

趣味がないという人も、まずは鼻唄まじりの時間を持ってみませんか？　そんな時間があることで、忙しい日々に潤いや彩りが生まれます。何より、自分自身がご機嫌でいられます。趣味がなくても生きてはいけますが、ささやかな鼻唄タイムがあることで心が救われることもあるのではないでしょうか。

ご機嫌になるレシピ

・日常にささやかな趣味の時間を

・趣味がなければ、鼻唄でも♪

・たまには散歩で体を動かしてみましょう

趣味は、いつからでも。

半年ほど前から盆栽を始めました。まだ勉強中の身ではありますが、小さな植物の成長を日々見守る楽しみは、何とも奥深いものがあります。

これまで盆栽に本格的な興味を持つことはなかったのですが、ある日、街を歩いていたときに、たまたま店頭で見つけた苔玉にひと目惚れして、勢いで買ってしまったのがきっかけです。新しい趣味というのは、思いつきでも、何歳からでも始められるものなのですね。

新しい趣味の始め方

・ときめいた瞬間が趣味の始まり

・年齢を理由にあきらめない

・熱中しすぎず、ほどほどに

見直そう、日本古来の健康習慣。

江戸時代に108歳まで生きたお坊さんが、長生きの秘訣の三つのうち、一つを「毎日お風呂に入ること」と言ったそうです。ちなみにあとの二つは、「食べすぎないこと」と、「思い悩まないこと」です。

毎日しっかりお湯につかる文化を持つのは、日本くらいではないでしょうか。汚れを落とし、体内の老廃物を出し、血行をよくすることで、その日のうちに疲れをとる。お風呂に入ると、翌朝の目覚めが違います。お風呂が健康にいいことは、日本人なら誰もが感覚的に知っていますよね。

最適なお湯の温度や、入浴時間は、人それぞれです。大切なのは「気持ちいい」と感じる入浴を、毎日のルーティーンとして、きちんと続けていくことだと思います。

お風呂に入ろう

- まずはしっかり水分補給
- 湯船につかり、汗をかいてデトックス
- 最適な温度、時間は人それぞれ

畑仕事で学んだこと。

お寺の畑では、季節の野菜やハーブなどを育てているのですが、作物を育てるって、本当に奥が深いですね。

もちろん、野菜の種類に合わせた土の作り方、水や肥料の与え方といった基本的なマニュアルはあるのですが、去年うまくいった方法が今年うまくいくとは限りません。自然が相手だと、本当の意味でのマニュアル化はできないものです。

それでも長年畑と向き合っていると、手をかけすぎてはいけないことがわかってきました。土にも力がありますし、野菜の生命力を信じることも必要です。その一方で「そろそろ水をやろう」とか「肥料を与えたほうがいいかもな」といった、手をかけるべきタイミングというのも、野菜を見ているとだんだんわかってきました。

人を育てることも、同じような気がします。過保護すぎてもいけないし、放置したままでも成長しません。適切なタイミングでサポートしたり、距離をとったりしながら相手を伸ばす。そんな塩梅を大切にしてみませんか。

育てるための心がけ

・過保護でもダメ

・放置しすぎてもダメ

・よく観察して適切なタイミングで関わる

かぼちゃのコロッケ

夏が終わる頃に、裏の畑でかぼちゃが採れます。採れたてを食べたいものですが、ここは少し我慢。かぼちゃは何か月か時間を置くと、より甘くなっておいしいんです。冬至にかぼちゃを食べる風習は「一番おいしい時期だから」という理由が隠れているのかもしれませんね。

作り方のポイント

少ない油で揚げるのが慈眼寺流。崩れやすいので、そっとひっくり返しましょう。揚げ終わるのと同時に油がなくなるのが理想です。捨てる油はなるべく少なくしたいですね。ちなみに、さつまいもで作ってもおいしいですよ。

畑のじゃがいもサラダ

気候変動の問題は、他人事ではありません。これからはより気候変動に強い作物が重宝されるはず。赤いじゃがいもは、そう考えて選んだ品種です。食べるたびに、地球への憂いと、大地の恵みへの感謝の念がわいてきます。

作り方のポイント

なるべく採れたてで新鮮な野菜を使いましょう。食感を楽しむため、じゃがいもは潰しすぎずに。赤いじゃがいもを使うと、きれいなピンク色に仕上がりますよ。塩はひとつまみ、マヨネーズは控えめに。玉ねぎは薄くスライスして水にさらしておくと、辛味が抑えられます。

お釈迦様は、言いました。

お釈迦様が臨終を迎えるとき、残される弟子たちはこう聞きました。「これから私たちはどう生きればいいのでしょうか?」と。お釈迦様はこう答えました。「心配しなくていい。自分でしっかりと理にかなった生き方をすれば大丈夫」と。そして、しっかり生きるためのヒントとして、怠惰な生き方はしないことと、真理の中で生きていくことを説きました。本当にあたりまえのことですが、今の世界を見渡すと、文明は進歩して暮らしも便利になったけれど、至るところで争いが絶えません。結局、お釈迦様がおっしゃった簡単なことさえも、いまだにできていないのです。

人生の時間は限られています。ご縁のあった人たちと助け合いながら、仲睦まじく楽しいひとときを過ごす。そんな生き方を実践したいものです。

花を咲かせるのに、
近道はありません。

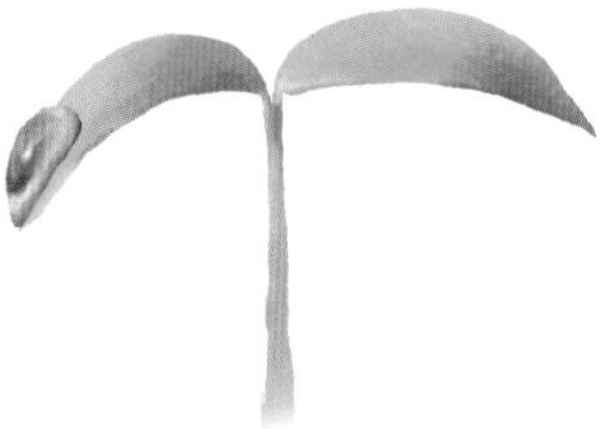

種をまいて
芽が出て
葉が出て
そうしてはじめて
美しい花を咲かせられるのです。

「伝える」ではなく、「伝わる」。

私がまだ仏の世界に入ったばかりの頃、お師匠さんが最初にこうおっしゃいました。「君たちに教えることは何もない」。これから学んでいこうとしている矢先でしたので、ひっくり返りそうになりましたが、今ではこの言葉の真意がよくわかります。

結局のところ、お師匠さんの後ろ姿を見て学ぶしかなかったのです。お辞儀の仕方、歩く姿勢、話し方など、お師匠さんが無言で示してくれた所作は、今でも鮮明に心に焼き付いています。

あるとき、お師匠さんの知らないところで起こった問題にもかかわらず、すべての責任を背負って頭を下げていた姿を見たことがあります。そこには、お師匠さんの生き様がはっきりと表れていました。そのお姿をただ見ているだけで、心が動きました。言葉で教わる以上に、大切な教訓がしっかりと自分の心の中に伝わってきたのです。きっと「教え」の神髄とは、そういうものなのかもしれません。

「伝える」ではなく、「伝わる」。

伝わるためのレシピ

・言葉だけで伝えようとしない

・態度と行動で示せることがあります

・発言と行動が伴っていれば伝わります

ユーモアって、気遣いなのかも？

人を笑わせるって、とても難しいことですよね。ネタの中身や構成もそうですが、発声の仕方、間の取り方などなど、いろいろな要素のさじ加減で、笑いになるかが左右されます。つくづくお笑い芸人の皆さんって、すごい仕事をしているなぁと尊敬いたします。

私も日頃からよく冗談を言っています。冗談によって場が和むことが、とても好きだからです。会話の中で私なりに頭を高速回転させながら、その場にふさわしい冗談を考えています。ダジャレの割合がちょっと多めかもしれません。ダジャレは誰も傷つけないユーモアなのですが、タイミングの見極めが難しいんですよね。

もしかすると、冗談を言うことはサービス精神や気遣いの表れなのかもしれません。そう思うと、果敢にジョークを言ってくる人たちのことが、途端にチャーミングに見えてきますよね。ですから、私がスベってしまったときも、どうか優しく受け流してくださいね。

ユーモアの正しい使い方

・場を和ませるために使いましょう

・人を傷つけない内容にしましょう

・気遣いを感じるユーモアもあります

忘れる前提で準備する。

忘れ物をして焦った経験は、誰にでもあると思います。日常における忘れ物であれば後で笑い話にできますが、私の場合は命がかかった千日回峰行のときでも、つい忘れ物をしてしまうことがありました。

千日回峰行には、38種類の持ち物が必要です。一つ忘れただけでも大変なので、出発前に必ず指差し確認をしていました。ただ精神が張り詰めていたからでしょうか、注意していても忘れたり落としたりしてしまいます。

たとえば、ろうそく。夜明けまでに3本使うところ、2本目を使おうとしたら、ない。でも、大丈夫。なぜなら、万が一忘れてしまったときのために、休憩地点の土の中にろうそくを忍ばせていたのです。忘れないように準備するだけでなく、忘れることも前提に準備することで、もしものときに自分を助けられます。

忘れ物トラブルに対処するためのレシピ

- 忘れ物がないように指差し確認する
- 忘れ物があることを前提に準備する
- 万が一のことを考える

失敗ではなく、経験。

いびつな形をしたこの器。実は、ある著名な陶芸家さんの〝失敗作〟なんです。窯元にお邪魔した際、庭に転がっているのを見つけて、ひと目惚れしました。これをいただけないかと伝えると「なぜそんなものを？」と、不思議そうに聞かれました。

「これは失敗作ではなく、ひとつの作品ですよね？」と私が返すと「そう、失敗作なんてひとつもない」とおっしゃいました。人生、失敗したらそこで終わりではありません。むしろきちんと生かせば、よりよい自分に成長するための経験と言えます。誰しも、生きていればたくさん失敗します。そんな失敗を許容してくれる、そして背中を押してくれる器だと感じました。

そんな思いを伝え、快く譲っていただくことができました。これまでの人生、どんなに失敗しても常に前を向き続けてきた私に、ぴったりの宝物です。

失敗に対する心構え

・失敗してもいい

・失敗は成長するための経験と捉える

・失敗しても落ち込まず、前を向くこと

自信を育てよう。

1000日間、片道24kmの山を歩いて往復する、千日回峰行という修行のときの話をしましょう。

ただ歩いても一日は一日。精一杯歩いても一日は一日。だからこそ、一切の妥協や手抜きをしないという強い気持ちで初日から歩み続けました。自分が修行中にどう行動したか、どんな気持ちで取り組んだかは、心のハードディスクにすべて記憶されています。その記憶の中で、1000日間で一日の後悔もなく、精一杯やりきったという自信があります。そのことが現在に至るまで、私の心の大きな軸となってくれているように思います。

地道な積み重ねですが、ちゃんとした日々を過ごしていれば、自然と自信につながっていきます。自信とは「自分を信じる」と書きますが、自分で自分を信じきれるくらい努力を積むことができているか、自問自答してみてください。

根拠のない自信、という表現もありますが、それは基礎のない家のようなもの。揺るぎない自信がある人は、どこか誰も知らないところで自信を育てています。根拠があるからこそ、困難に立ち向かい挑戦することが楽しくなるのです。

自信のレシピ

・一日を精一杯やりきる

・誰も見ていないところで努力する

・自信は一日にしてならず。じっくり積み重ねていきましょう

自信とは。

日々、淡々と努力し続けていると
いつの間にか
困難が立ちはだかったとしても
自分なら乗り越えられると
自分を信じきる力がついてくる。
焦らずに、自分を信じて。

おもてなしは、準備がすべて。

慈眼寺には参拝者の他にも、仕事の打ち合わせや来客など、たくさんの方が来られます。そこで大切にしているのは、おもてなしの心です。

おもてなしとは、相手と会っている間だけの気遣いのことではありません。むしろそのほとんどが「準備」にあると思っています。茶室をきれいに掃除し、お茶と茶菓子を用意。花を生け、お香を焚き、時には囲炉裏の炭をおこし……と、準備だけで2時間くらいかかることも。

たった一杯のお茶の用意にも、細心の気配りをして準備する。その気持ちは必ず相手にも伝わるものです。一期一会のご縁を大切にして、人生を謳歌する。そのためのレシピには、〝見えないおもてなし〟という隠し味が欠かせないと思うのです。

客人を招くときの心がけ

・心を込めて準備する
・さりげない心配り
・楽しい思い出をお持ち帰りいただく

冷やし抹茶

暑い日に抹茶を点てることがあり「冷たくしてみようかな」と思いつきで作ってみたら、絶品でした。何でも形式にとらわれすぎないことは大事です。

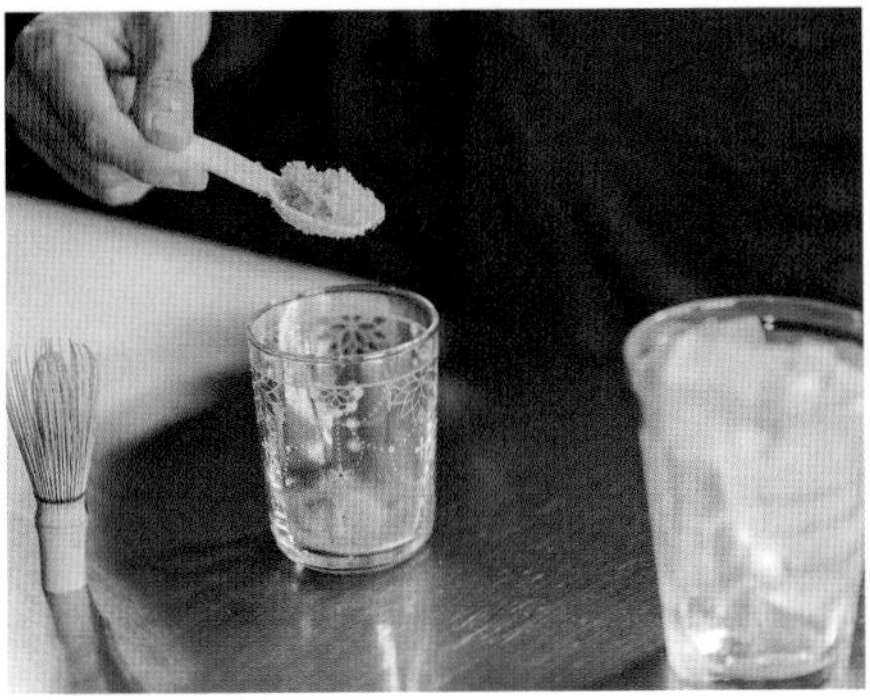

作り方のポイント

砂糖は三温糖を使っています。

お湯で素早く抹茶を点て、たっぷりの氷を入れて、冷やしていただきましょう。

濃い緑茶の炭酸割り

最近の「食事に合う飲み物」ナンバーワンが、これです。お酒と違って、多少飲みすぎても何も問題ありませんし、むしろ健康的ですよね。

作り方のポイント

茶葉を30秒ほど蒸らしてから、少しの熱湯を一気に注ぎます。

濃く渋い緑茶を1、よく冷えた炭酸水を2の割合で混ぜたら完成です。

お釈迦様のミントティー

「体が弱い人にはハーブティーを飲ませるといい」と言ったのは、お医者様ではなく、なんとお釈迦様だそうです。それもあって、私はちょっと不調を感じたら、畑で摘んだばかりのミントを熱湯に入れて飲んでいます。爽やかな香りが部屋にまで広がり、心身ともに癒されます。

作り方のポイント

冷やして氷を入れて飲んでもおいしいです。

ミントはちぎると香りがよく立ちます。

余ったミントは花瓶などに飾っておくと、部屋の空気がすっきりしますよ。

「すみません」で、成長する。

どんな人生でしたか？　と聞かれたら、振り返ってみれば「すみません」の人生でした、と答えると思います。

人間誰しも、成功するまでの道のりは失敗の連続で、ハッと感覚をつかんで成し遂げられたときには、多くの人に迷惑をかけているものです。面倒で大変ですが、この過程を経なければ人の成長はないと思います。

大切なのは、迷惑をかけてしまったときに、心から「すみません」と素直に謝ることです。多少の誤解があっても、少しでも自分が悪ければ即座に謝る。心から謝っている人に追い打ちをかけるようなことはしませんよね。逆に、「導いてあげたい」という気持ちになるのではないでしょうか。

失敗しても、心から反省できていれば同じことはくり返しませんし、だからこそ気づけることも、たくさんあります。その積み重ねによって、人生の経験値が上がっていくのです。

人に迷惑をかけてしまったときの作法

・心から反省し、素直に謝る
・一つの失敗には、二つのご恩返しを

心の垣根は越えません。

人との距離感というのはとても難しいですよね。

何度も失敗しながら相手との程よい距離感を学んでいくしかないのですが、心がけるべきは「親しき仲にも礼儀あり」です。いくら仲がよくても、越えてはいけない垣根があり、それを見極めることが大切です。相手のプライベートは聞かない、見ない、もし知ったとしても他人に言わない。つまりは、相手に対する気遣いです。

また、これは食事会などでも言えることなのですが、一人が独演会のように話してしまったり、誰かが傷つくような話題になったりすると、その会食のバランスが崩れてしまいます。全員がまんべんなく気持ちよく話せるように、お互いが気遣う必要があると思っています。

向き合った人の痛みを察し、相手を尊重することにより、それが自然と伝わり、相手も自分を思ってくれるようになる。そんな関係を築けるのが理想です。とはいえ、現実はなかなか難しいことも知ってはいるのですが……。

人付き合いで意識したいこと

・親しき仲にも礼儀あり

・相手のプライベートに踏み込まない

・気遣いを忘れずに

誰に対してもフラットに。

慈眼寺には今、犬が6匹、猫が15匹ほど暮らしています。愛嬌たっぷりだったり、逆に孤独を愛していたり。動物も人間と同じように、それぞれ性格が違うんですよね。

あるとき、どの犬にも猫にも分け隔てなく、フラットな気持ちで接している自分にふと気づきました。人間の脳は何にでも順番をつけたがる性質があるそうで、ついついつい「この子が一番で……」と決めたくなるようです。私はお坊さんとして、どんな人にも分け隔てせずに接することを大切にしてきたこともあってか、犬猫たちの見た目や性格による優劣はなく、みんな同じくかわいいと思っています。

人間に対しても同じです。たくさんの国に行っていろいろな人たちと交流してきたからなのでしょうか、今は人種や国籍など関係なく、どんな人でも向き合ったらひとりの人間、すべてがフラットなんです。

誰に対してもフラットな姿勢を身に付けるには

- 人や動物を順番づけしない
- 人によって態度を変えない
- 向き合った人の人格を尊重する

ふと気づくにも、準備が必要。

歌手のSさんと対談する機会があったのですが、そのときにSさんが「歌ってね、とにかく一生懸命歌うだけなのよ」とおっしゃいました。そして、こう続けました。

「歌を聞かせよう。上手に歌い上げよう。そう思った瞬間に足をすくわれる。無心で精一杯歌うだけ。歌詞の行間さえ集中力を切らさない」と。

心を打たれました、歌手でもないのに。その話を聞いた瞬間、稲妻が走るかのごとく、頭の中がスパークしました。そして、改めて「私たち人間は、精一杯生きるだけなのだ」と、心に留めることができたのです。

こうしたふとした気づきは、日頃からアンテナを立てておくからこそキャッチできるものであり、それなりの準備によって、その〝ふと〟をつかめるものです。壁にぶつかっていたり、真剣に悩んでいたりするときほど、気づきのチャンスはあると思います。小さな学びは、日常のそこら中にごろごろ転がっているのです。

“ふと” をつかまえるコツ

・一日一日を精一杯

・心のアンテナを常に立てておくイメージで

・小さな気づきの積み重ね

矛盾が、あなたを磨いてくれる。

世の中は、矛盾だらけです。
その矛盾は、自分を磨いてくれる砥石だと思うこと。
すべては受け止め方次第、考え方次第です。

母ちゃんから教わったこと。

どんな人にでも弱みがあるし、心の痛みや苦しみがある。そんな弱みや痛みを察しなさい。これは私が私の母から言われた、今にして思えば「教え」のようなことです。

子どもの頃、親の背中を見て教わったことはたくさんあります。たとえば、どんなに貧しくても明るく楽しく生きること。誰かにお世話になったら生涯忘れてはいけないこと。直接言葉では言われていませんが、これらは今でも私の礎になっています。そう考えると幼少期の体験は、お寺での厳しい修行よりも影響力があるかもしれませんね。

親の背を見て子は育つ。そんな「あたりまえ」のことに、もう一度目を向けてみませんか。どんな背中を子どもに示すべきだろう？　そう考えてみるところから、大人もまだまだ成長できると思います。

親が子どもにできること

・親の行動や発言を、子どもは何歳になっても覚えている

・親の生き方が、子どもに残せる本当の財産

昔はよかった症候群。

お酒の席などで、「昔はよかった」と語った挙句、お決まりの自慢話をたびたび聞かされた経験はありませんか？　相手が直属の上司や先輩だと、どう対処してよいか困ってしまいますよね。

たしかに、昔がよかったと思うことはありますが、過去の栄光にとらわれて現状を嘆くだけでは、たとえどんなに地位が高い人であってもリスペクトされないのではないでしょうか。

先日、20代の人から、「頑張れと言うこと自体がダサい」という話を聞いて、大きな衝撃を受けました。優秀な若い人たちの多くは、頑張れと言われなくともサクサクと難しい仕事をやりきるため、そう言葉をかけられることに違和感を覚えるというのです。そういった真意を聞いて「なるほどなぁ」と、今の時代を理解することができました。

年長者も若者も、現代という同じ時代を生きています。ギャップを理解し、過去ではなく今を把握し、未来へ向かって柔軟に対応する。そんな大人の姿を、次世代の人たちに示すことができるといいですね。

昔はよかった症候群の予防策

・過去の栄光にとらわれない

・今という時代を把握する

・わからないことは、素直に教わる

若者の感性には、生きるヒントがある。

1968年に生まれ、1988年から仏の世界に入り、2000年に修行を終えたとき、周囲の人たちがパソコンを操り、ブラインドタッチで文字を打っているそばで、私は一人で電源を入れることすらできませんでした。愕然とするほど、自分が時代に取り残されたと知った瞬間です。それからというもの、私は現代という時代をつぶさに観察するようになりました。自分が置かれている現実を受け入れ、その中で何ができるかを模索していったのです。その心がけは、今もなお続いています。

私ほどの落差がなくても、目まぐるしく変化する今という時代にどう対応すればいいか、悩んでいる方も多いのではないでしょうか。そんな方には、自分の状況とギャップのある相手と対話することをおすすめします。

私の場合、最近は特に10代、20代の若者たちと積極的にコミュニケーションを取るようにしています。その際に気をつけているのは、自分のものさしを相手にあてないこと。フラットに向き合い、敬意を払って耳を傾けることで、彼ら彼女らが持つ感性や価値観を知ることができます。時に戸惑うことや驚くこともありますが、そこにはいつも、今を生きるためのヒントが詰まっていると感じるのです。

価値観の異なる相手との向き合い方

・自分のものさしを押し付けない

・相手を尊重し、自分に足りないものを学ぶ

・つまらないプライドは捨てる

子どものように、喜びましょう。

無邪気に喜ぶ子どもたち。

時には、大人も自分の殻をやぶって、
もっと素直に自分を表現してもいいかも。

「ありがとう」

「ごめんね」

「やったー」

すごい人ほど、チャーミングなものです。

右肩上がりの人生に。

どんな人にも、感情がポジティブなときとそうでないときがあるものです。体調にも左右されますし、自分の意志ではどうにもならないくらい気が重い日もあるでしょう。それでも、自分の人生を右肩上がりにするためには、強い意志で自分の感情をコントロールするしかありません。

どんなときが右肩上がりの状態かと言うと、ポジティブな気持ちで、かつアクティブに行動しているとき。別名「フロー状態」とも言われています。このフロー状態で作業に取り組むと、その最中に充実感や満足感を得ることができるので、生産性も上がりますし、自分の成長にもつながって願ったり叶ったりです。家事でも仕事でも、こんなに素敵な状態を逃すなんて、もったいないですよね。

強い意志を持ち、ポジティブな気持ちで行動する。フロー状態で充実した時間を積み重ねる。一人ひとりの人生はもちろん、これからの社会全体が右肩上がりになるヒントが、ここにあるかもしれないですね。

人生を右肩上がりにするために

- ポジティブに、そしてアクティブに
- 自分の感情は自分でコントロールする
- まずは口角を上げてみましょう

一人ひとりが、電波塔。

昔、アナログのラジオをチューニングしようとしても、なかなか合いませんでした。ダイヤルを回しながら、聴きたい放送局の周波数に手の感覚で合わせていたことが懐かしく思い出されます。

私たちのコミュニケーションも同じです。言葉を交わしながら、お互いの周波数を合わせる作業をすると、とても楽しく和やかなひとときが過ごせます。

チューニングがうまく合わないときは、会話がかみ合わなかったり、誤解されてしまって苦しくなったり、逆に相手を理解できなくて寄り添えなくなったりすることも。そんなときは、自分本位にならないことです。落ち着いて、相手のことを思いやりながら、手探りで周波数を合わせていきましょう。

夫婦であっても、仕事においても、ママ友や近所のコミュニティーでも、楽しく会話ができるかどうかは、お互いのチューニング次第のような気がしています。コミュニケーションがうまくいかない人は、たいてい自分の思いが強すぎるので、話が偏ったほうへと進みがちです。そうなると、相手との周波数もどんどんズレていきます。

私は小さい頃、祖母から「あだりほどりみで、ちゃんとすんだぞ」と言われていました。これは仙台弁で「周りのことをよく見て、ちゃんと行動しなさいよ」という意味です。昔の人は生活の中で、人間が生きていくうえで大切なことを教えてくれていたのだとしみじみ思います。私たちも、あだりほどりみで、ぼちぼち生きていきましょう。

コミュニケーションのレシピ

- 相手と周波数を合わせるイメージ
- 自分本位になってはいけません
- 強い思いを押し付けないように

若くなくとも、若々しくはいられる。

かれこれ半世紀以上を生き、数々の修行で全身を酷使してきましたが、近頃「若々しいですね」とよく言われます。もしそこに秘訣があるとするならば、それは好奇心の強さだと思います。

ただこれは、誰もが持とうと思ってもすぐに持てるものではないですよね。コツは、好奇心を自分に向けること。いくら好奇心がない人でも、自分にはそれなりに興味を持てるでしょう。

たとえば、新しい趣味として料理に挑戦したとします。このとき、料理だけでなく「料理に挑戦する自分」にフォーカスしてみる。すると「こんな料理ができるようになった」という自分自身の成長を楽しめます。もし失敗してしまっても、なぜそうなったのか、自分自身を研究する。そうして次にうまくいけば、これまた成長が楽しめます。

日々、人生を楽しむだけで若々しく見えるなんて、とてもおトクではないでしょうか。

若々しく生きるための秘訣

・自分に対する好奇心を持つ
・自分の成長を楽しむ
・「○○ができるようになった」で前向きに！

大根おでん

「大根役者」という言葉がありますが、慈眼寺では大根は立派な主役です。たとえば、大根おでん。他の具材の旨味がしみた大根もおいしいですが、ここはあえて、裏の畑で採れた大根だけで。素材の味を楽しむためのシンプルな料理こそ、今の時代の最高の贅沢だと思います。

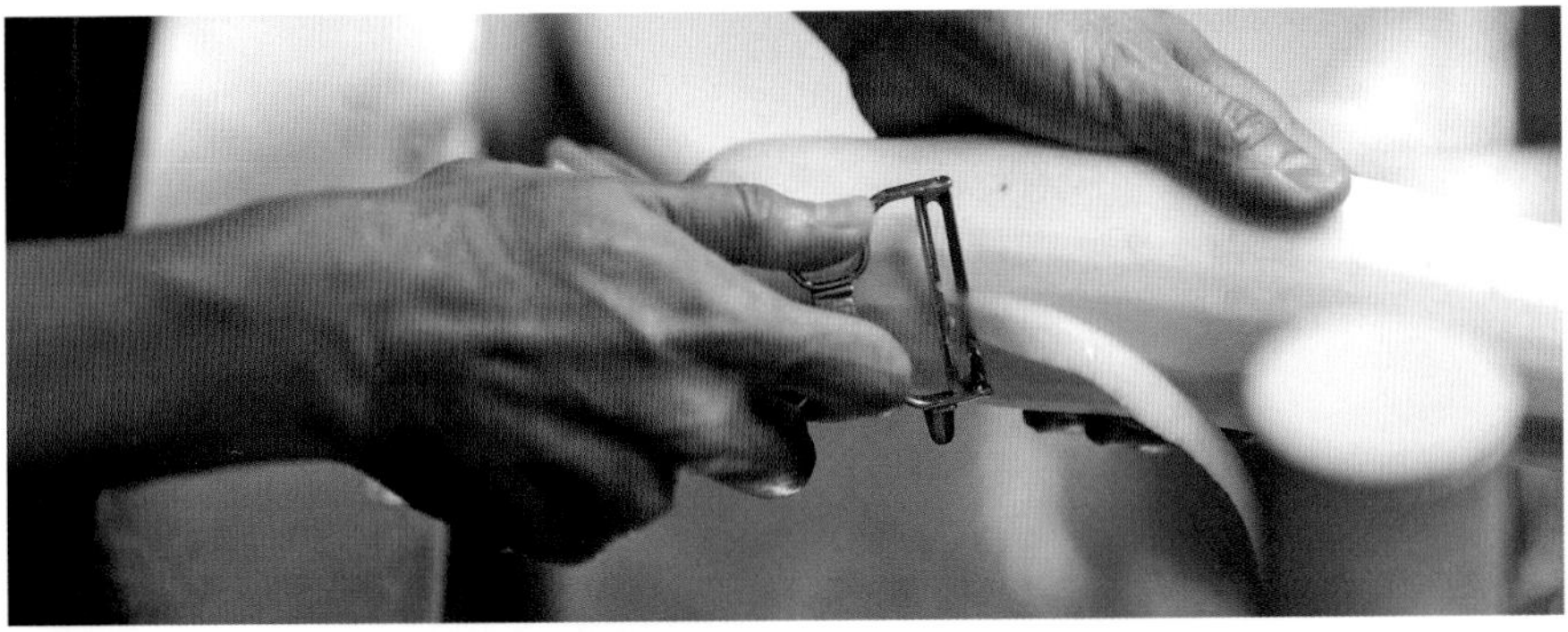

作り方のポイント

しみしみ大根に近道はありません。

大根は面取りして、下ごしらえも煮込みも、とにかく時間をかけて丁寧に。

鶏のむね肉を一枚入れると、旨味が増しておいしいですよ。

野菜たっぷりたまごきしめん

畑で採れた野菜や、そのとき冷蔵庫に余っているもので作ります。そのため、2回として同じ具材で作ったことはありません。毎回新しい味が発見できる、実はすごい料理だと思います。

作り方のポイント

野菜を炒めるときに少しお湯を入れると、早く火が通り蒸し焼きのような仕上がりに。
味付けはオイスターソースを中心に、毎回アレンジ。炒め物や麺類など、
何にでも使える万能調味料です。ぜひいろいろな食材で試してみてください。

笑顔で生きよう。

東京のとある場所でエレベーターに乗っていたとき、後ろにいた男性から「ちょっといいですか？」と話しかけられました。そして「笑顔がすごく素敵だったのですが、それはどこかでトレーニングをされたのですか？」と。

〝笑顔のトレーニング〟なんて、面白いことを聞くなぁと思いながらも、「特別なことは何もしていませんが、なるべく毎日笑顔で過ごすように心がけています。そうしたらいいことばかり起こるんですよ」とお答えしました。ひとつの笑顔がきっかけで、知らない人と一期一会の会話を楽しむことができたのです。ほんの数十秒でしたが、とても素敵な時間でした。

生きていると楽しいことばかりではありませんし、笑顔でいられない日もありますが、それでも極力笑顔で過ごしましょう。また、笑顔の裏で歯を食いしばって頑張っている人、苦難を乗り越えるため、自分を鼓舞するために笑顔で生きている、そんな人もいらっしゃると思います。そんな人にこそ、素敵な福が舞い込んで、いいことが続いていきますように。

笑顔のメリット

・笑顔でいると心が晴れやかになります

・周りの雰囲気を明るくすることもできます

・不思議といいことが起こっていきます

あなたの笑顔で、世界を変える。

笑顔と心地よい言葉は
お金がなくてもできる、ささやかな施し。
ピュアな心で笑っているだけで、
いいご縁に導かれていく気がします。

努力にプライドはいりません。

お坊さんの道を歩んできた者として、私の得意分野といえば修行や法要など、ある意味古典的なことです。こうした仕事は、若い頃から何度も何度もくり返しているので、今ではプレッシャーもあまり感じることはありません。逆に、なかなか信じてもらえないのですが、人前で話すことには苦手意識を持っていました。今でこそ、地元仙台や東京でラジオ番組のパーソナリティーをしている私ですが、最初は何もかもが初心者で、マイクの前での声の出し方もわかりませんでした。自分よりも若い担当ディレクターにたくさん質問して教えてもらい、何とか形になってきたという感じです。上手になりたい。苦手を克服して強くなりたい。そう思うなら、まずは自分の弱さを知ることです。その弱さを周囲に隠さないほうが、案外うまくいくものです。

いつまでも向上心を持ち続けながら、焦らずぼちぼちと強くなっていきましょう。

努力にプライドはいりません。

強くなるためのレシピ

- 苦手なことにも挑戦してみる
- 失敗は成長の過程と考える
- 自分の弱さを隠さない

“砂糖かげん”も大切に。

日々、「寛容であること」を心がけています。どんな意見も、まずは否定せず、受け入れてから会話を始める。そうすることで、多くの人とぶつかり合うことなく、実りある対話をすることが可能になるでしょう。

ただし、その一種の優しさも、料理に入れる砂糖と同じように、いつも〝適量〟を意識しています。適度な優しさは相手を幸せにしますが、タイミングや加減を間違ってしまうと、まったく思いもよらない結果になることも。

たとえば、相手とのぶつかり合いを避けるあまり、甘い言葉しかかけられない。それでは対話とは言えません。小さな歪みが積み重なって、最終的には人間関係のバランスが崩れてしまいます。私は、相手があまり言われたくないことであっても、必要であればきちんと指摘するようにしています。時には心を鬼にして、相手のためになるほうへ導こうとする気持ちこそが、本当の優しさだと思うのです。

「優しさ」のレシピ

・優しすぎてもダメ
・厳しすぎてもダメ
・タイミングと加減を見極める

思い出の味 ミルク豆腐

小学校4年生くらいのとき、仲のいい友達の家に遊びに行くと、よく彼のお母さんがおやつに出してくれたのが、ミルク豆腐でした。あの味がずっと忘れられず、大人になってからも私の大好物の一つです。思い出の味と出会うと、つい顔がほころんでしまいます。

作り方のポイント

缶詰のみかんを使い、シロップも一緒に混ぜます。

ミルク豆腐の香りづけにバニラエッセンスを少々。

おすすめはレモン果汁での味変です。どんな味になるか、ぜひお試しください。

悩みにフォーカスしない。

皆さんは、座禅をしたことがありますか？　私は、もちろんあります（笑）。ところで、座禅をしていて雑念が出たとき、多くの人は、警策を打つ（お坊さんに肩を棒でパーンと打たれる）シーンを思い浮かべると思います。実はあの叩くような行為、何らかの罰としてではなく、理にかなった理由があって行っていることをご存じでしょうか？

雑念が生まれるときは、たいてい姿勢であったり、おへそあたりに置く手の型が崩れていたりします。言い換えると、姿勢が悪いことが原因で、血の巡りや気の流れが詰まっている状態です。それを「流す」ために、体を刺激しているのです。

つまり、雑念に対して罰を与えるのではなく、体の巡りをよくして気持ちをリセットするお手伝いをしているのです。

日頃から悩みを抱えがちな人や、ネガティブなことばかり考えて心が沈みがちな人は、一度座禅を体験してみるのもいいかもしれません。心の中にうごめく雑念を払うつもりで、警策に打たれ、一度ご破算にしてみる。そうやって気持ちを切り替えて、〝とらわれない思考〟を育ててみましょう。きっと少しずつ気持ちが落ち着いていきますよ。どうか、悩みすぎないでくださいね。

とらわれない思考になるために

・姿勢と呼吸を整える

・座禅もおすすめです

・少しずつ、気持ちを切り替える練習を

あの人を、許せるといいね。

社会の中で生きていると、どうしても苦手な人や嫌な人と出会ってしまうものです。かくいう私も、小僧時代にどうしても共感できない人、嫌いな人がいました。そんな人と過ごす時間って、何とも言えない苦しみと心の葛藤がありますよね。

それでも、相手を完全に否定していては何も生まれません。相手の責任ばかりを追及したくなるのをぐっと堪えて、最低限の礼節だけは守りましょう。

人によっては苦行のような試練かもしれませんね。それでも、嫌いな人を含めて、どんな人にも分け隔てなく接することを心がけるのです。するとある日、大きな気づきの瞬間に出会えます。

私の場合、自分の心にある「嫌い」という気持ちは、必ず相手にも伝わっているという気づきがありました。相手に対して、自分も言葉の端々や表情で、きっと嫌な態度をとっていたのだろうな、と。

そうやって自分自身を反省したときに、すべてを許すことができました。相手を許すことで、晴れやかな心を取り戻せたら、きっと人生も好転していきますよ。

許すレシピ

・相手を完全否定しない
・どんな人であっても分け隔てなく接する心を忘れない
・自己反省から相手を許せることもある

悟りは、一歩ずつ。

ぼちぼちと、高みを目指して

一歩、一歩。

きっとお釈迦様も、そうやって辿り着いたはず。

老いる楽しみ。

50歳を過ぎたあたりから、体力がなくなったなぁ、という実感があります。若いつもりでいましたが、肉体というものは変化するものですね。最近では、もともと健康的なお寺の暮らしの中に、少し工夫を取り入れて日々を生活しています。まずは一日4時間だった睡眠時間を7時間に増やし、塩分や糖分を控えめにした料理を食べるようになりました。体というのは正直なもので、睡眠を増やすと心のゆとりが生まれました。そうなると体調がよくなり、思考もすっきりしてきます。そういった好循環に身を置くことで、老いと向き合っています。寝る前に呼吸を整えて、座禅やヨガをするのもおすすめです。運動不足であれば一日20分でいいので毎日歩くなど、できるところから始めてみましょう。

一方で、年を重ねていくことも案外いいものだなぁ、とも感じています。体力は衰えたかもしれませんが、若い頃にあったカドのようなものが自然となくなり、人間として丸くなっていくのが嬉しいのです。

また、病気を経験することで、健康のありがたさを知りました。病気になった人や立場の弱い人のことを慮る心も生まれてきました。お坊さんでなくても、そうやって誰しも老いていきながら、悟っていくのかもしれないですね。

若い頃とは違うペースでいいのです。年老いて体が不自由になっても、いつも元気に笑って生きている。そんな人生をぼちぼちと歩いていきましょうか。

老いと向き合うレシピ

・寝る前の座禅やヨガもおすすめ
・毎日歩く習慣を（一日 20 分から）
・丸くなっていく自分を楽しむ

憧れの存在がいるということ。

朝のルーティーンとして、江戸時代の高僧である良寛さんのために抹茶をお供えして、「私も良寛さんのようになれますように」と心で唱えながら、おさがりの抹茶をいただいています。

子どもたちと無邪気に遊びながら、いつも微笑んでいたという良寛さんに強く憧れます。身分など関係なく、誰とでも仲よく、分け隔てなく接する。そんな姿を想像し、自分もそうなりたいと願いながら意識をチューニングしていく。そうすると、心がだんだん穏やかになってくるから不思議です。

憧れに対してチューニングしていくこの習慣は、小僧の頃から実践しています。

仕草や行動の真似をしていくうちに、だんだんと自分だけの型が整ってくる。そうやっていろいろなことを身に付けていきました。

子どもが親を尊敬すると、親のようになろうとします。尊敬する人から「ダメだよ」と叱られたら、素直に「すみません」と言えるようになります。あなたはどんな人に憧れますか？　誰かにとっての憧れでいられますか？

憧れの存在に近づくレシピ

・仕草や行動を真似してみよう

・考え方も真似してみよう

・くり返すうちに自分のものになっていきます

ご恩を忘れないこと。

人脈を広げたり、出会いを求めたりするときに、自分の損得だけで行動してはいけません。出会った人たちを利用するだけ利用して、次の人脈を求めていく人たちをたくさん見てきましたが、決して長続きはしません。

道端でお水を恵んでもらったら、そのご恩は一生忘れてはいけない。これは親からの教えですが、一度でもお世話になったというご恩は忘れてはいけないと思います。ささやかな施しに感謝して生きる。そんな意識を持つことで、損得のレースだけではない、生きる道が見えてきます。

一期一会に感謝するレシピ

・出会った人を損得で利用しない

・ご縁を大切にする

・小さなご恩に感謝する

「八風吹けども動ぜず」の精神で。

いくら自分の心の軸を整えていたとしても、人は時として思いもよらぬことに巻き込まれたりします。そんなときには、禅語の「八風吹けども動ぜず」という言葉を参考にしてみてはいかがでしょうか？

八つの風とは自分の心を乱す事象を表します。利益、衰退、陰口、名誉、賞賛、悪口、苦、楽などが訪れると、心が舞い上がったり、悲しんだり、不安や怒りの気持ちがわいてきたり、つい揺れ動いてしまうものです。

もちろん、一時的には反応しても構いません。大切なことは、そのことにずっととらわれないことです。すべてを放下（ほうげ）したときに、新しい境地と出会えるのかもしれません。「放下」には、投げ捨てる、捨て切るという意味があります。

心を乱されないために

・禅語の「八風吹けども動ぜず」
・乱されても、ずっととらわれない
・すべてを放下する意識で

今、つかみかけていること。

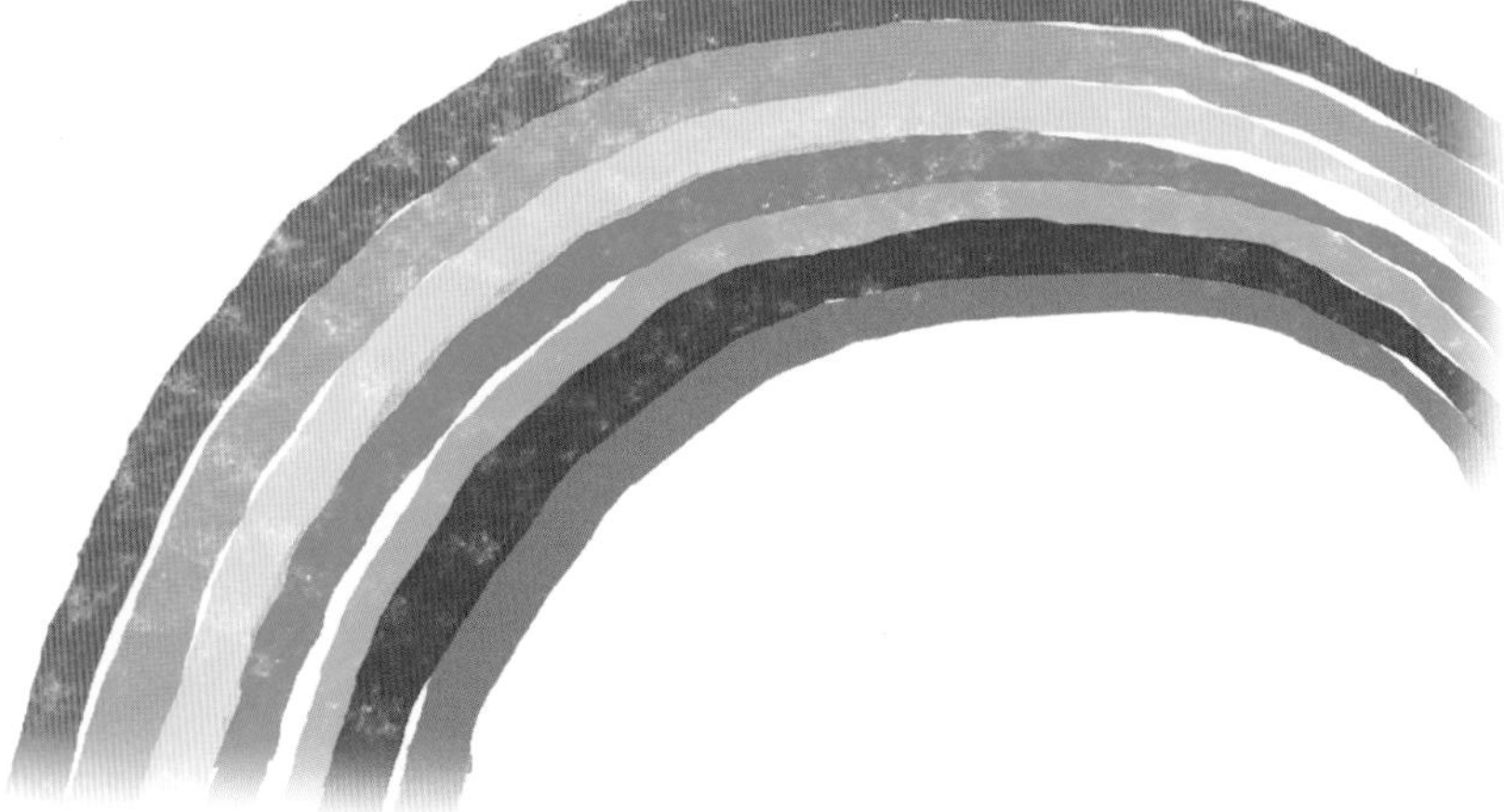

「こういうことを言ったら不幸になる」とか「こんな行いをしていたら運気が下がる」と、昔から大人たちが話すのを耳にしていましたが、年をとるごとに、本当にそうだなぁと実感することが多く、怖くなってきます。

自分がやったことが、そのまま返ってくる。

それならば、いいことだけをして、わるいことをしない。

根拠もなければ、説明もできない。そんな何かを今、つかみかけています。

「ちゃんとつかんでから教えて」という皆さんの声も聞こえてきそうですが、つかみかけの状態でも、正しく生きることはできます。

何より、ここからまた新しい気づきと出会えることの楽しさにワクワクしているところです。

そんな自分になれますように。

過ぎ去ってしまったことをいくら悔やんでも過去へは戻れません。明日のことを心配したり、この先のことを憂いてもどうにもなりません。朝、目を覚ましたら一つひとつに心を尽くして誠実に生きるだけ、ただそれだけです。そして今日一日無事に生活することができたら、心の中で「ありがとうございました」と手を合わせ、心に何もとどめないことです。まずは、「いつか理想とする自分になれますように」と、心の片隅でいつもイメージすること。つぼみにもやがて花の咲くときが来るように、自分自身を大切に育てて幸せという花を咲かせてください。

日々の自分の育て方

- 一つひとつに心を尽くして誠実に
- 一日の終わりには感謝を
- 「そんな自分になれますように」と
  イメージすることが大切

暮らしという修行は続く。

修行の基本は、毎日同じことをくり返すことです。

そして精一杯取り組めば成長があり、そうでなければ成長しない。

ただそれだけの世界です。

思えば、日々の暮らしとは、修行そのものです。

毎日の中に少しでも成長があれば、暮らしはより豊かに、楽しくなっていくのではないでしょうか。

頭を悩ますことの多い現代ですが、ここで簡単な言葉を二つご紹介します。日々の暮らしで成長し続けるための、今の私が思う最高のレシピです。


「みんな仲よく」

「ちゃんと生きる」

さぁ今日も、暮らしという修行を続けていきましょう。

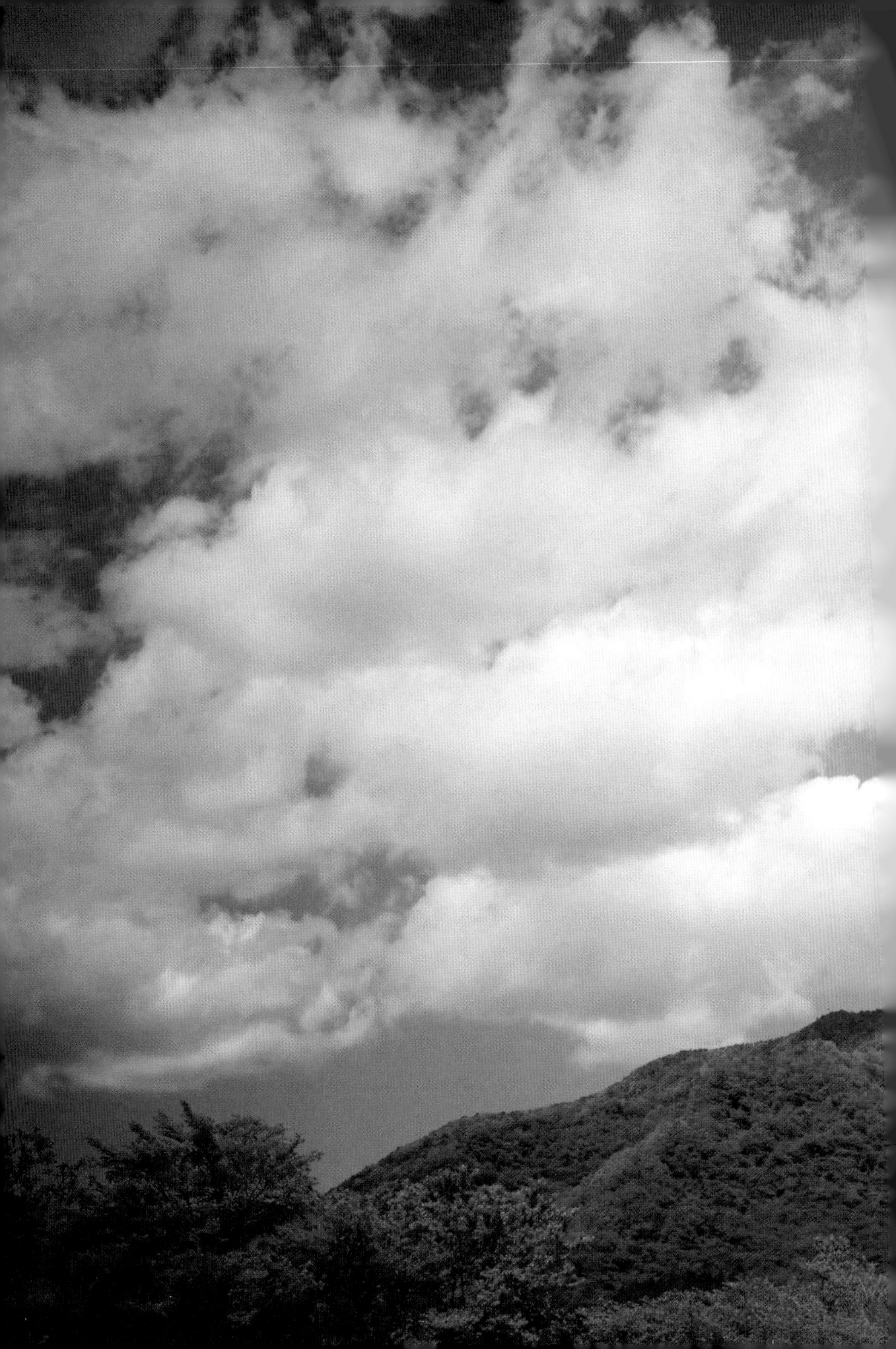

おわりに

若い頃は、夢があり、エネルギーにあふれ、ただただ体力にまかせて自分の道を突き進んできました。そうして会得したことを、一人でも多くの人に伝えたい。その一心で動いていた頃が懐かしくもあります。今もそのモチベーションは変わりません。ただ、年を重ねるごとに肩の力が抜け、物事の捉え方や考え方が変わってきたことも事実です。

朝起きて、自分にできることを、自分のご縁の中で実践し、関わりのある人たちと楽しく過ごす。言ってしまえば、普通の暮らし。穏やかに、にこやかに、日々の暮らしを継続することで、私が伝えたいことは自然と伝わっていくのかもしれない。そのような考えになっていきました。

今回の書籍について、「いいな」と思う箇所は、人それぞれ人生のタイミングによって変化していくと思います。その時々で、あなたの毎日をよりよくする「レシピ」が、ひとつでも見つかりましたら幸いです。

塩沼亮潤

この本の印税の一部は、
こども食堂などの慈善団体へ寄付いたします。

「ぼちぼち」というのは、吉野で私が修行僧として入った頃からお世話になっていた“山の大矢のおっちゃん”の口癖です。いつも「ぼちぼち」と言いながら、ゆっくりとマイペースに山を歩いていたおっちゃんの真似をしてみたら、不思議といつもより早く歩くことができました。山も人生も同じことで、あせらず「ぼちぼち」歩むことが一番の近道と教えてくれた言葉です。

塩沼 亮潤（しおぬま・りょうじゅん）

福聚山慈眼寺住職
大峯千日回峰行大行満大阿闍梨

1968（昭和43）年、宮城県生まれ。87年、高校卒業の翌年に吉野山金峯山寺で出家得度。過去1300年で2人目となる一日48㎞の険しい山道を千日間歩き続ける「千日回峰行」を満行。その後、九日間の断食・断水・不眠・不臥の中、20万遍の御真言を唱え続ける「四無行」を満行する。また、百日間の五穀断ち・塩断ちの前行の後、「八千枚大護摩供」を満行。03年には故郷の仙台市秋保に慈眼寺を開山し現住職。「心の信仰」を国内外に伝えている。

くらしの塩かげん
日々をよくする、生き方のレシピ

発行日 二〇二四年七月十日 初版第一刷発行
二〇二四年九月二十日 第二刷発行

著者 塩沼 亮潤
発行者 岸 達朗
発行 株式会社世界文化社
〒102-8187 東京都千代田区九段北四-二-二九
電話 〇三-三二六二-五一三四（編集部）
電話 〇三-三二六二-五一一五（販売部）

印刷・製本 株式会社リーブルテック
DTP制作 株式会社明昌堂
装丁 岸﨑典子
撮影 善家宏明 上牧佑
編集協力 武田道生 佐藤卓 三浦梨世
コーディネート 彦田和詳
校正 伏見ひかり
編集 鈴木東子 軸丸麻由美

ISBN 978-4-418-24601-4